Best of Mozart

30 Famous Pieces for Piano
30 bekannte Stücke für Klavier
30 pièces célèbres pour piano

(leicht bis mittelschwer / easy to intermediate / facile à difficulté moyenne)

Edited by / Herausgegeben von / Edité par
Hans-Günter Heumann

ED 23214
ISMN 979-0-001-20900-7
ISBN 978-3-7957-1923-4

Cover:
Busto MOZART
© Egregia di A. Giannelli Srl

Mainz · London · Madrid · Paris · New York · Tokyo · Beijing
© 2020 Schott Music GmbH & Co. KG, Mainz · Printed in Germany

Inhalt / Contents / Sommaire

Original-Klavierstücke / Original Piano Pieces / Pièces de Piano originales

Bearbeitungen / Arrangements

Menuett G-Dur
Minuet G major / Menuet Sol majeur

Wolfgang Amadeus Mozart
1756 – 1791
KV 1e + f (Trio)

Menuett da Capo al Fine

Menuett F-Dur
Minuet F major / Menuet Fa majeur

Wolfgang Amadeus Mozart
KV 2

Allegro
B-Dur / B♭ major / Si♭ majeur

Wolfgang Amadeus Mozart
KV 3

♩ = 104 – 108

aus / from / de: Der junge Mozart / The young Mozart / Le jeune Mozart, Schott ED 9008

Menuett F-Dur
Minuet F major / Menuet Fa majeur

Wolfgang Amadeus Mozart
KV 5

aus / from / de: Der junge Mozart / The young Mozart / Le jeune Mozart, Schott ED 9008

8

Menuett C-Dur
Minuet C major / Menuet Ut majeur

Wolfgang Amadeus Mozart
KV 6

aus / from / de: Der junge Mozart / The young Mozart / Le jeune Mozart, Schott ED 9008

Menuett D-Dur
Minuet D major / Menuet Ré majeur

Wolfgang Amadeus Mozart
KV 7

aus / from / de: Notenbuch für Nannerl / Nannerl's Music Book / Livre de musique pour Nannerl

Allegretto
F-Dur / F major / Fa majeur

Wolfgang Amadeus Mozart
KV 15a

aus / from / de: Londoner Skizzenbuch / London Sketchbook / Cahier d'equisses de Londres

Rondeau
D-Dur / D major / Ré majeur

Wolfgang Amadeus Mozart
KV 15d

aus / from / de: Londoner Skizzenbuch / London Sketchbook / Cahier d'equisses de Londres

Presto
B-Dur / B♭ major / Si♭ majeur

Wolfgang Amadeus Mozart
KV 15 II

aus / from / de: Londoner Skizzenbuch / London Sketchbook / Cahier d'equisses de Londres

Siciliano
d-Moll / D minor / Ré mineur

Wolfgang Amadeus Mozart
KV 15u

aus / from / de: Londoner Skizzenbuch / London Sketchbook / Cahier d'equisses de Londres

Andante
C-Dur / C major / Ut majeur

Wolfgang Amadeus Mozart
KV Anh. 140b/1

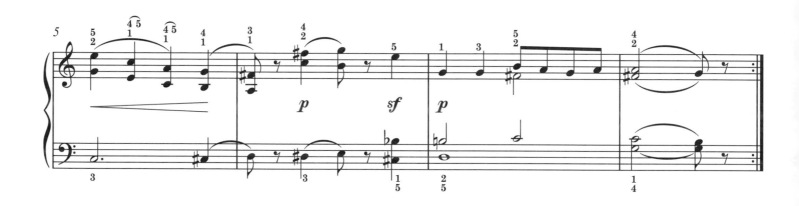

aus / from / de: 12 Petites Pièces pour le Clavecin

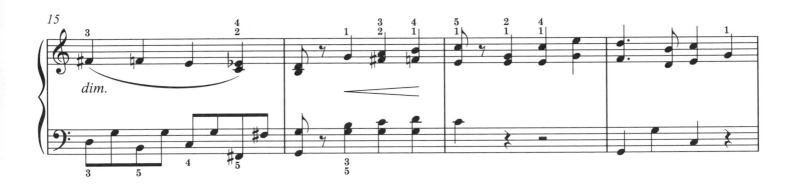

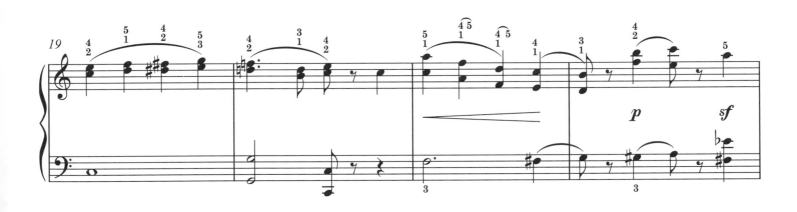

Rondo C-Dur
Rondo C major / Rondeau Ut majeur

Wolfgang Amadeus Mozart
KV Anh. 140b/5

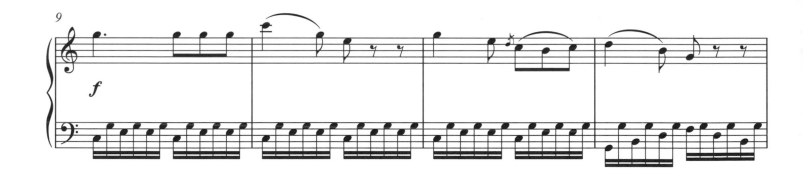

aus / from / de: 12 Petites Pièces pour le Clavecin

Ah, vous dirai-je, Maman

C-Dur / C major / Ut majeur

12 Variationen über das französische Lied / 12 Variations on the French song /
12 Variations sur une chanson française

Wolfgang Amadeus Mozart
KV 265 (300e)

Variation II

Variation III

Variation IV

Variation V

Variation VI

Variation XI
Adagio

Variation XII
Allegro

Sonate A-Dur
Sonata A major / Sonate La majeur

Wolfgang Amadeus Mozart
KV 331

Menuetto da Capo

Alla Turca

Allegretto

Fantasie d-Moll
Fantasia D minor / Fantaisie Ré mineur

Wolfgang Amadeus Mozart
KV 397

Rondo D-Dur
Rondo D major / Rondeau Ré majeur

Wolfgang Amadeus Mozart
KV 485

Sonate C-Dur
Sonata C major / Sonate Ut majeur

Wolfgang Amadeus Mozart
KV 545

Andante

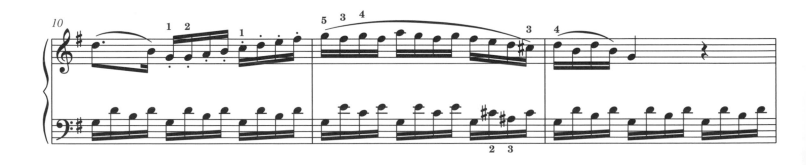

Rondo
Allegretto

Eine kleine Nachtmusik

A Little Night Music / Petite Musique de Nuit

Serenade G-Dur / Serenade G major / Sérénade Sol majeur

1. Satz / 1st movement / 1er mouvement

Wolfgang Amadeus Mozart
KV 525
Arr.: Hans-Günter Heumann

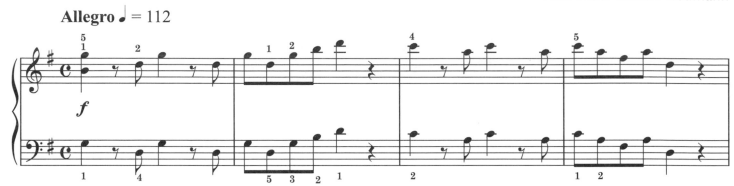

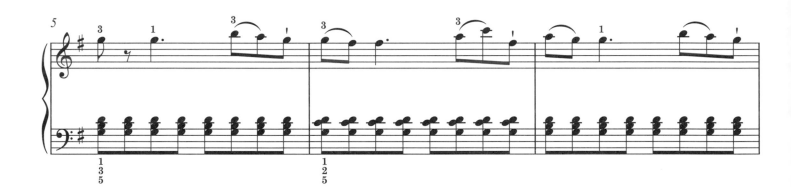

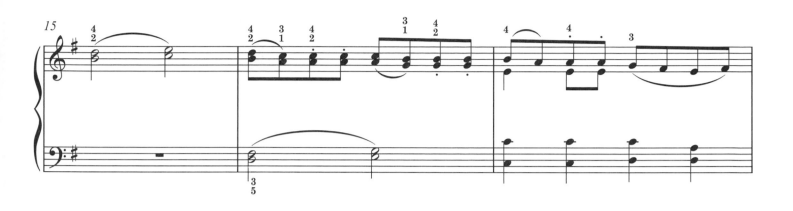

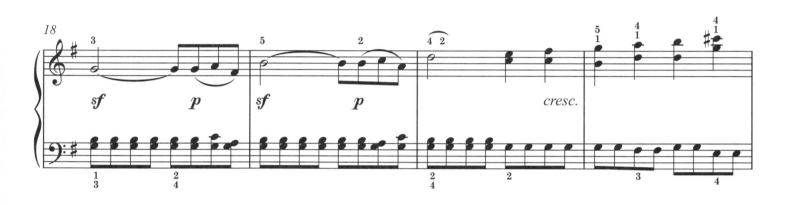

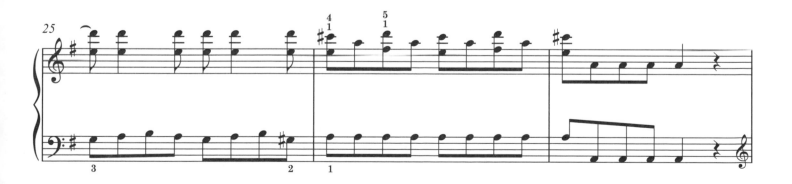

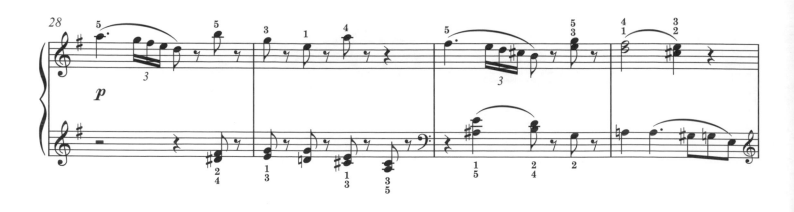

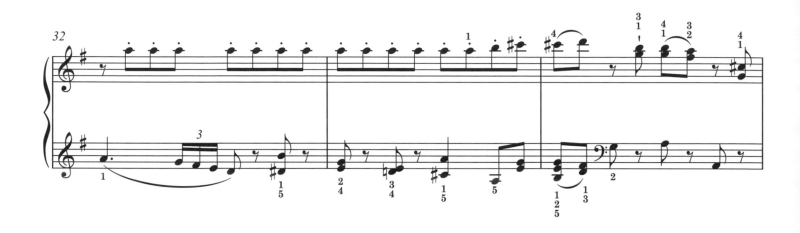

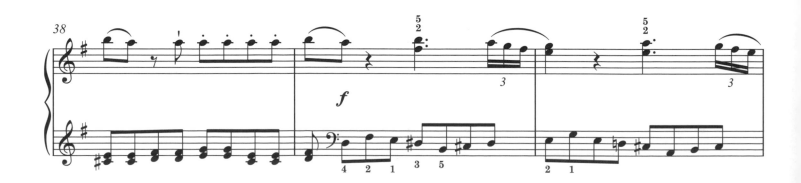

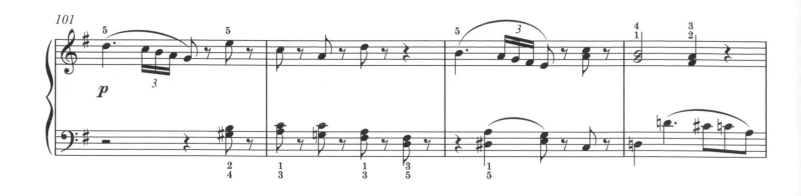

Klavierkonzert d-Moll
Concerto for Piano and Orchestra D minor / Concerto pour Piano Ré mineur

2. Satz / 2nd movement / 2ème mouvement

Wolfgang Amadeus Mozart
KV 466
Arr.: Hans-Günter Heumann

Klavierkonzert C-Dur
Concerto for Piano and Orchestra C major / Concerto pour Piano Ut majeur

2. Satz / 2nd movement / 2ème mouvement

Wolfgang Amadeus Mozart
KV 467
Arr.: Hans-Günter Heumann

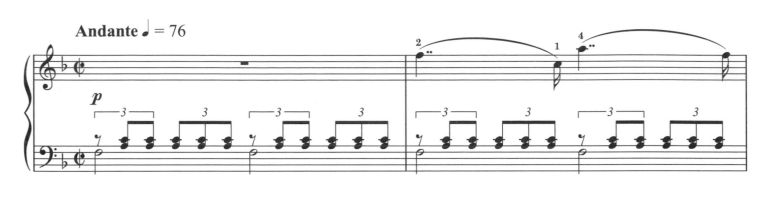

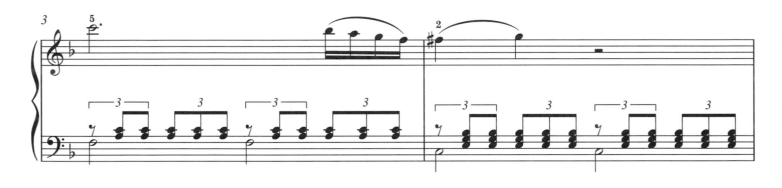

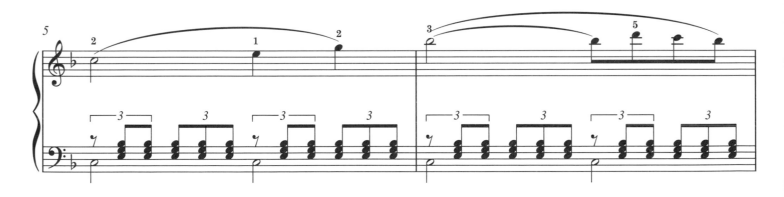

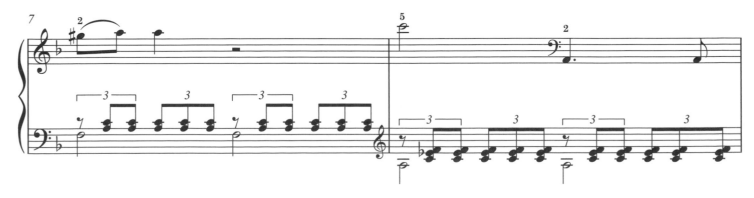

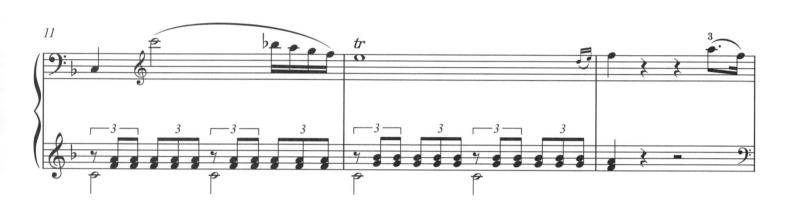

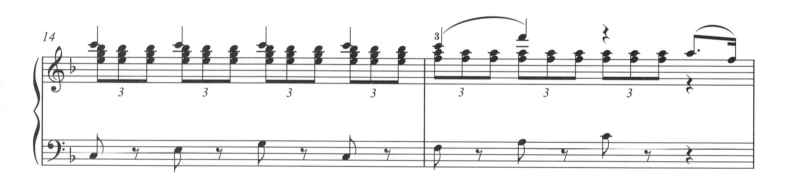

Klavierkonzert A-Dur
Concerto for Piano and Orchestra A major / Concerto pour Piano La majeur

2. Satz / 2nd movement / 2ème mouvement

Wolfgang Amadeus Mozart
KV 488
Arr.: Hans-Günter Heumann

Klarinettenkonzert A-Dur
Concerto for Clarinet and Orchestra A major
Concerto pour Clarinette La majeur

2. Satz / 2nd movement / 2ème mouvement

Wolfgang Amadeus Mozart
KV 622
Arr.: Hans-Günter Heumann

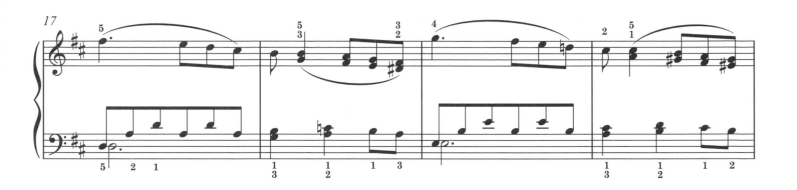

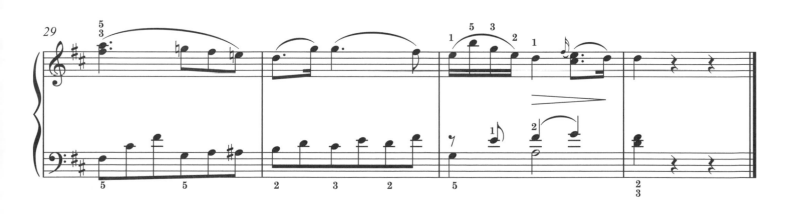

Sinfonie Nr. 40 g-Moll

Symphony No. 40 G minor / Symphonie N° 40 Sol mineur

1. Satz / 1st movement / 1er mouvement

Wolfgang Amadeus Mozart
KV 550
Arr.: Hans-Günter Heumann

Ave verum corpus

Wolfgang Amadeus Mozart
KV 618
Arr.: R. Bender

Lacrimosa

Wolfgang Amadeus Mozart
KV 626
Arr.: Hans-Günter Heumann

aus / from / de: Requiem

Se vuol ballare, signor Contino

Will der Herr Graf ein Tänzchen wohl wagen / If you would dance my noble lord

Wolfgang Amadeus Mozart
KV 492
Arr.: Hans-Günter Heumann

aus / from / de: Die Hochzeit des Figaro / The Marriage of Figaro / Les noces de Figaro

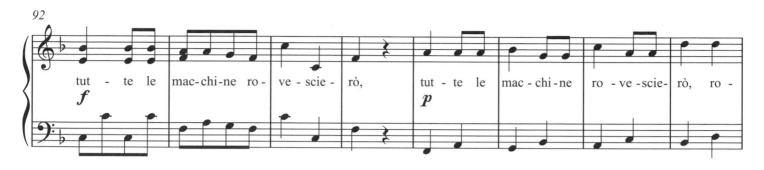

tut - te le mac-chi-ne ro - ve-scie - rò, tut-te le mac-chi-ne ro -ve-scie- rò, ro-

Tempo primo

-ve -scie - rò, ro - ve-scie - rò. Se vuol bal - la - re si - gnor Con - ti - no,

se vuol bal - la - re si - gnor Con- ti - no, il chi-tar - ri - no le suo - ne - rò,

Presto

il chi-tar - ri - no le suo-ne- rò sì, le suo-ne- rò sì, le suo-ne- rò.

Non più andrai, farfallone amoroso

Nun vergiss leises Flehn, süßes Kosen / No more gallivanting

Wolfgang Amadeus Mozart
KV 492
Arr.: Hans-Günter Heumann

Allegro vivace ♩ = 126

Non più an-drai far-fal-lo - ne a-mo - ro - so,   not-te e gior - no d'in-tor - no gi-

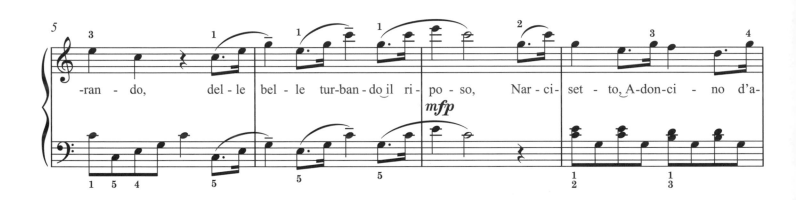

-ran - do,   del - le bel - le tur-ban-do il ri - po-so,   Nar-ci-set-to, A-don-ci - no d'a-

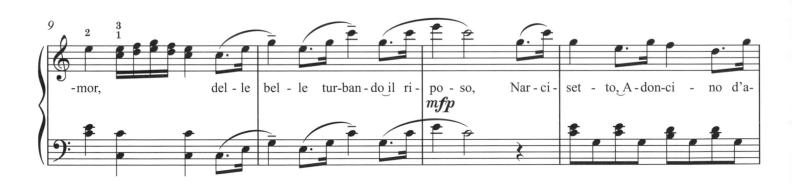

-mor,   del - le bel - le tur-ban-do il ri - po - so,   Nar-ci-set - to, A-don-ci - no d'a-

-mor.   Non più av - rai que-sti bei pen-nac-

aus / from / de: Die Hochzeit des Figaro / The Marriage of Figaro / Les noces de Figaro

spal - la, scia-bla al fian - co, col - lo drit - to, mu - so fran - co, un gran

ca - sco, o un gran tur - ban - te, mol-to o- nor, po - co con- tan - te, po - co con-

-tan - te, po - co con- tan - te. Ed in ve - ce del fan - dan - go u - na

mar - cia per il fan - go, per mon-ta-gne, per val - lo - ni,

con le - ne - vi, e i sol- lio - ni, al con-cer-to di trom -bo - ni, di bom-bar-de, di can -no - ni, che le pal-le in tut-ti i

77

- set - to, A - don-ci - no d'a - mor. Che - ru - bi-no, al-la vit - to - ria,

81

al - la glo-ria mi - li - tar, che - ru - bi - no, al - la vit - to - ria, al - la

85

glo - ria mi - li - tar, al - la glo - ria mi - li -

88

-tar, al - la glo - ria mi - li - tar.

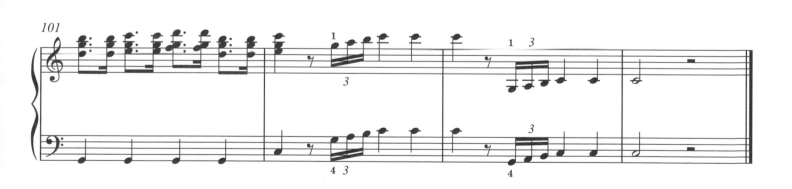

Là ci darem la mano

Reich mir die Hand, mein Leben / Give me the hand, oh fairest

Wolfgang Amadeus Mozart
KV 527
Arr.: Hans-Günter Heumann

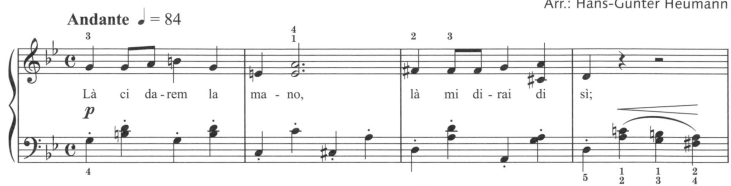

Andante ♩ = 84

Là ci da-rem la ma-no, là mi di-rai di sì;

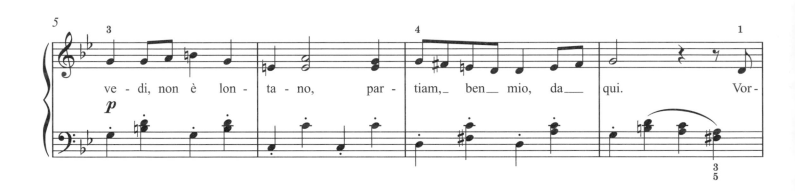

ve-di, non è lon-ta-no, par-tiam, ben mio, da qui. Vor-

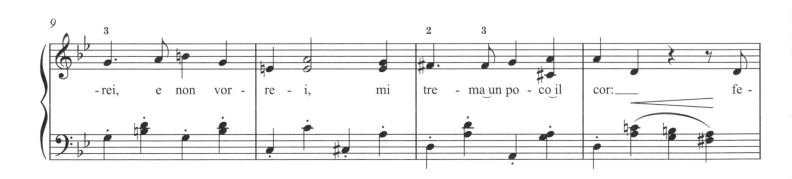

-rei, e non vor-re-i, mi tre-ma un po-co il cor:___ fe-

-li-ce è ver; sa-rei,___ ma può bur-lar-mi an-cor,___ ma

aus / from / de: Don Giovanni

Der Vogelfänger bin ich ja

A bird-catcher is what I am / Qui, c'est moi l'oiseleur

Wolfgang Amadeus Mozart
KV 620
Arr.: Hans-Günter Heumann

aus / from / de: Die Zauberflöte / The Magic Flute / La flûte enchantée

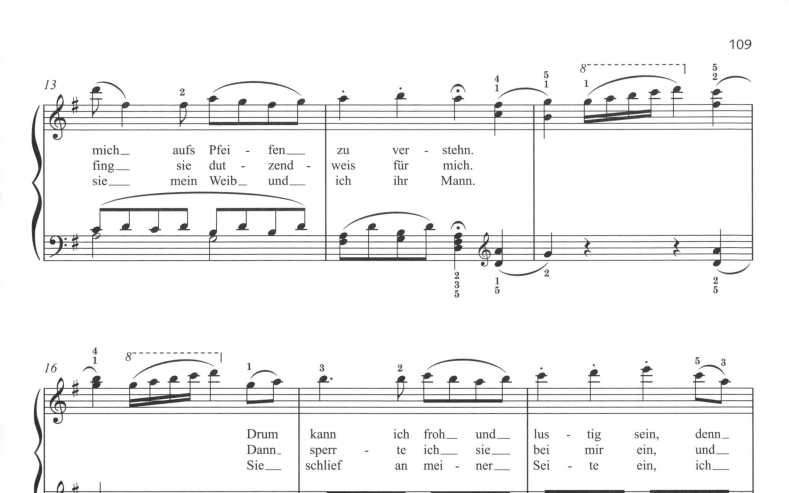

mich_ aufs Pfei - fen_ zu ver - stehn.
fing_ sie dut - zend - weis für mich.
sie_ mein Weib_ und_ ich für ihr Mann.

Drum kann ich froh_ und_ lus - tig sein, denn_
Dann_ sperr - te ich_ sie_ bei mir ein, und_
Sie_ schlief an mei - ner Sei - te ein, ich_

al - le Vö - gel_ sind ja_ mein.
al - le Mäd - chen_ wä - ren_ mein.
wieg - te wie_ ein_ Kind sie_ ein.

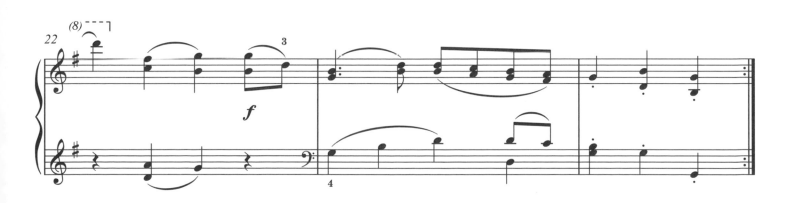

Der Hölle Rache kocht in meinem Herzen

The rage of hell it boils within my bosom /
La vengeance infernale brûle dans mon cœur

Wolfgang Amadeus Mozart
KV 620
Arr.: Hans-Günter Heumann

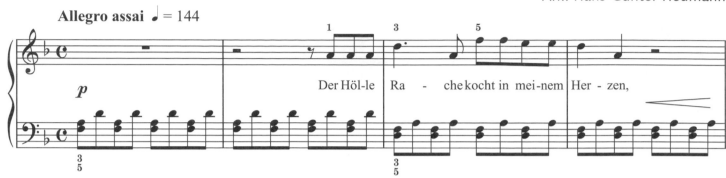

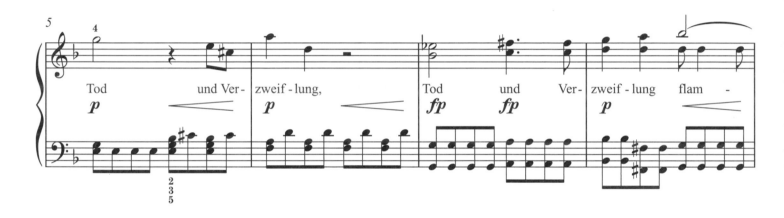

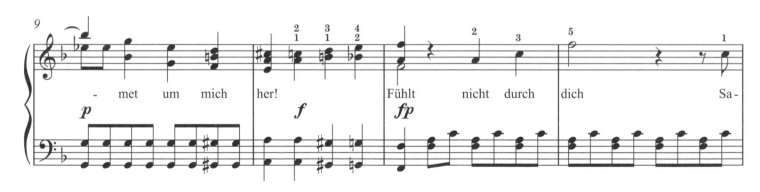

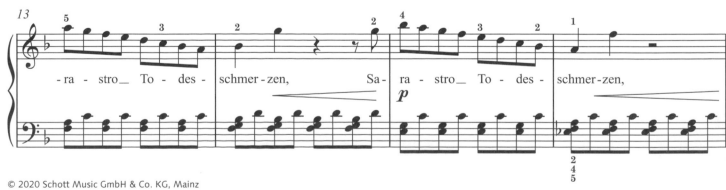

aus / from / de: Die Zauberflöte / The Magic Flute / La flûte enchantée

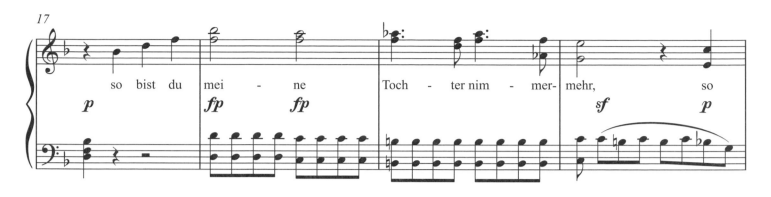

so bist du mei - ne Toch - ter nim - mer - mehr, so

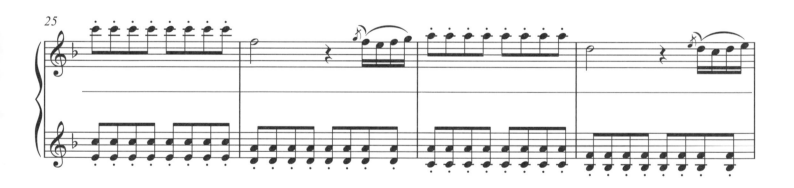

bist du, nein, mei-ne Toch - ter nim - mer - mehr,

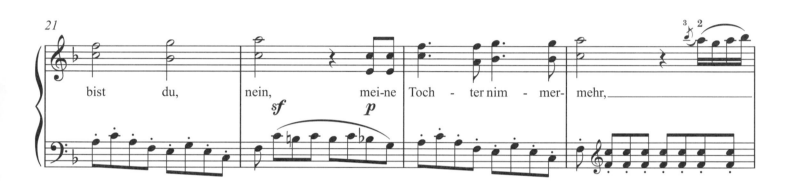

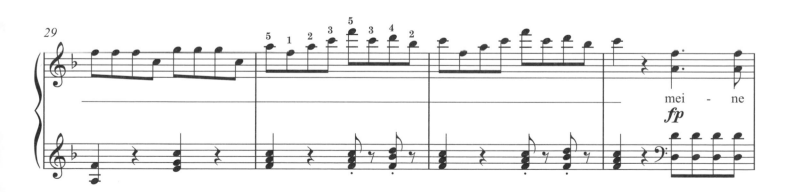

mei - ne

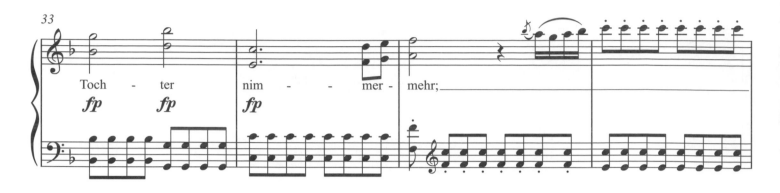

Toch - ter nim - - mer - mehr;

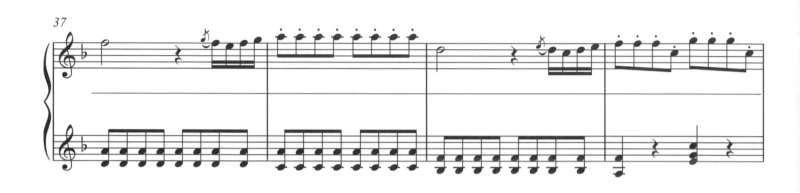

so bist du mei - ne

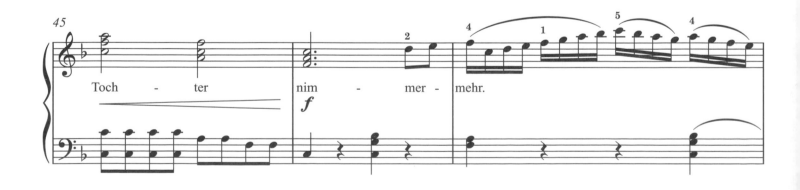

Toch - ter nim - mer - mehr.

Ver - sto - ßen sei auf e - wig, ver - las - sen sei auf

e - wig, zer - trüm - mert sein'n auf e - wig al - le Ban - de

der Na - tur, ver - sto - ßen, ver - las - sen und zer-

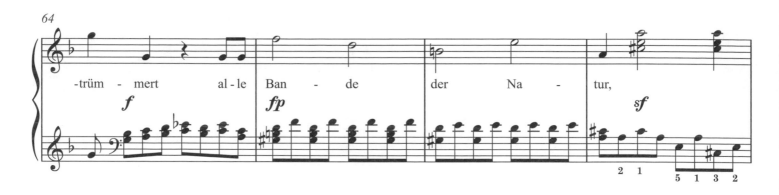

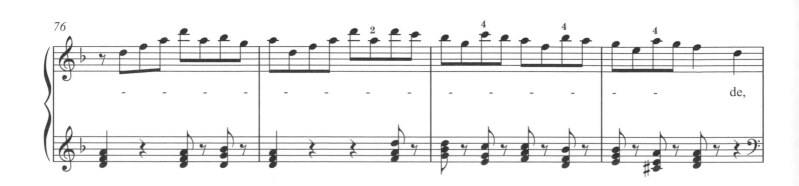

al - le Ban - de der Na - tur, wenn nicht durch dich Sa-

-ras-tro wird er - blas - - -sen! Hört, hört, hört,

Ra - che- göt - ter! Hört

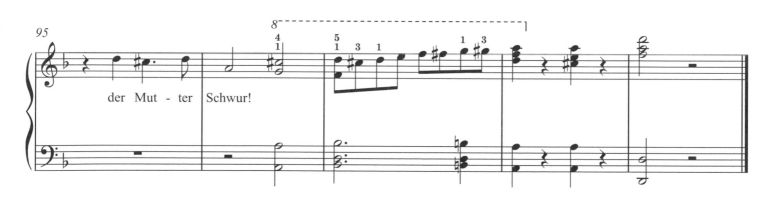

der Mut - ter Schwur!

Schott Piano Classics

**Klavier zweihändig
Piano solo
Piano à deux mains**

Isaac Albéniz
Suite Espagnole, op. 47
ED 5068

España, op. 165
Deux danses espagnoles, op. 164
ED 9032

Johann Sebastian Bach
Berühmte Stücke
Famous Pieces · Pièces célèbres
ED 9001

Kleine Präludien
Little Preludes · Petits Préludes
ED 9003

Inventionen und Sinfonien,
BWV 772-801
Inventions and Sinfonias ·
Inventions et Sinfonies
ED 9002

Friedrich Burgmüller
25 leichte Etüden, op. 100
25 Easy Studies · 25 Etudes faciles
ED 173

12 brillante und melodische Etüden,
op. 105
12 Brilliant and Melodious Studies ·
12 Etudes brillantes et mélodiques
ED 174

18 Etüden, op. 109
18 Studies · 18 Etudes
ED 175

Frédéric Chopin
20 Ausgewählte Mazurken
20 Selected Mazurkas ·
20 Mazurkas choisies
ED 9022

Carl Czerny
6 leichte Sonatinen, op. 163
6 Easy Sonatinas · 6 Sonates faciles
ED 9035

160 achttaktige Übungen, op. 821
160 Eight-bar Exercises ·
160 Exercices à huit mesures
ED 8934

Claude Debussy
Berühmte Klavierstücke I
Famous Piano Pieces I · Pièces célèbres
pour piano I
ED 9034

Berühmte Klavierstücke II
Famous Piano Pieces II · Pièces célè-
bres pour piano II
ED 9037

Emotionen
Emotions
35 Originalwerke · 35 Original Pieces ·
35 Œuvres originales
ED 9045

Edvard Grieg
Lyrische Stücke, op. 12, 38, 43
Lyric Pieces · Morceaux lyriques
ED 9011

Peer Gynt
Suiten Nr. 1 und 2, op. 46 und 55
Suites No. 1 + 2
ED 9033

Joseph Haydn
10 leichte Sonaten
10 Easy Sonatas · 10 Sonates faciles
ED 9026

Impressionismus
Impressionism · Impressionisme
21 Klavierstücke rund um Debussy ·
21 Piano Pieces around Debussy ·
21 Morceaux pour piano autour
de Debussy
ED 9042

Scott Joplin
6 Ragtimes
Mit der „Ragtime-Schule" von · with
the 'School of Ragtime' by · avec la
'Méthode du Ragtime' de Scott Joplin
ED 9014

Fritz Kreisler
Alt-Wiener Tanzweisen
Old Viennese Dance Tunes ·
Vieux airs de danse viennois
Liebesfreud – Liebesleid – Schön
Rosmarin
ED 9025

8 leichte Sonatinen
von Clementi bis Beethoven
8 Easy Sonatinas from Clementi
to Beethoven · 8 Sonatines faciles
de Clementi à Beethoven
mit · with · avec CD
ED 9040

Franz Liszt
Albumblätter und kleine
Klavierstücke
Album Leaves and Short Piano Pieces ·
Feuilles d'album et courtes pièces pour
piano
ED 9054

Felix Mendelssohn Bartholdy
Lieder ohne Worte
Songs Without Words ·
Chansons sans paroles
Auswahl für den Klavierunterricht ·
Selection for piano lessons ·
Sélection pour le cours de piano
ED 9012

Leopold Mozart
Notenbuch für Nannerl
Notebook for Nannerl ·
Cahier de musique pour Nannerl
ED 9006

Wolfgang Amadeus Mozart
Der junge Mozart
The Young Mozart · Le jeune Mozart
ED 9008

Eine kleine Nachtmusik
Little Night Music ·
Petite musique de nuit
ED 1630

6 Wiener Sonatinen
6 Viennese Sonatinas ·
6 Sonatines viennoises
ED 9021

Musik aus früher Zeit
Music of Ancient Times ·
Musique du temps ancien
ED 9005

Modest Moussorgsky
Bilder einer Ausstellung
Pictures at an Exhibition ·
Tableaux d'une exposition
ED 525

Nacht und Träume
Night and Dreams · Nuit et songes
36 Originalwerke für Klavier ·
36 Original Piano Pieces · 36 Morceaux
originaux pour piano
ED 9048

Piano Classics
Beliebte Stücke von Bach bis Satie
Favourite Pieces from Bach to Satie ·
Pièces celebre de Bach à Satie
mit · with · avec CD
ED 9036

Piano facile
30 leichte Stücke von Bach
bis Gretchaninoff
30 Easy Pieces from Bach to
Gretchaninoff · 30 Pièces faciles
de Bach à Gretchaninov
mit · with · avec CD
ED 9041

Programmmusik
Programme Music ·
Musique à programme
40 Originalwerke · 40 Original Pieces ·
40 Morceaux originaux
ED 9043

Reisebilder
Travel Pictures · Tableaux de voyage
37 Originalstücke · 37 Original Pieces ·
37 Morceaux originaux
ED 9044

Erik Satie
Klavierwerke I
Piano Works I · Œuvres pour piano I
ED 9013

Klavierwerke II
Piano Works II · Œuvres pour piano II
ED 9016

Klavierwerke III
Piano Works III · Œuvres pour piano III
ED 9028

Domenico Scarlatti
Berühmte Klavierstücke
Famous Piano Pieces ·
Compositions célèbres pour piano
ED 9038

Robert Schumann
Album für die Jugend, op. 68
Album for the Young ·
Album pour la jeunesse
ED 9010

Bedrich Smetana
Die Moldau
Vltava · La Moldau
ED 4345

Spielsachen
44 leichte Originalwerke · 44 Easy
Original Pieces · 44 Morceaux
originaux faciles
ED 9055

Georg Philipp Telemann
12 kleine Fantasien
12 Little Fantasias · 12 Petites Fantaisies
ED 2330

Leichte Fugen mit kleinen Stücken,
TWV 30: 21-26
Easy Fugues with little Pieces ·
Fugues légères et petits jeux
ED 9015

Tempo! Tempo!
40 Originalwerke · 40 Original
Pieces · 40 Morceaux originaux
ED 9049

Peter Tschaikowsky
Die Jahreszeiten, op. 37bis
The Seasons · Les Saisons
ED 20094

Nussknacker Suite, op. 71a
Nutcracker Suite ·
Suite Casse-Noisette
ED 2394

Wasser
25 Originalkompositionen · 25
Original Pieces · 25 Morceaux
originaux
ED 22276

www.schott-music.com